AF224440

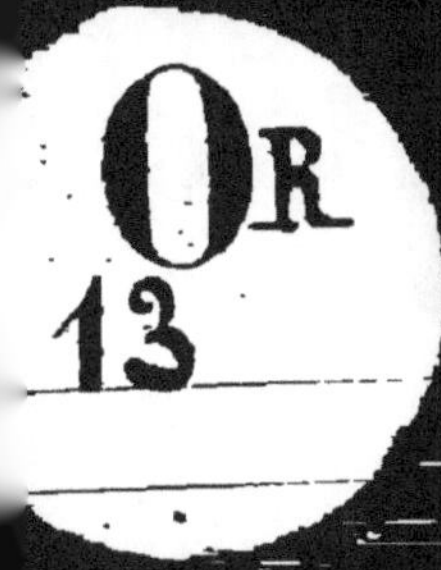
Or
13

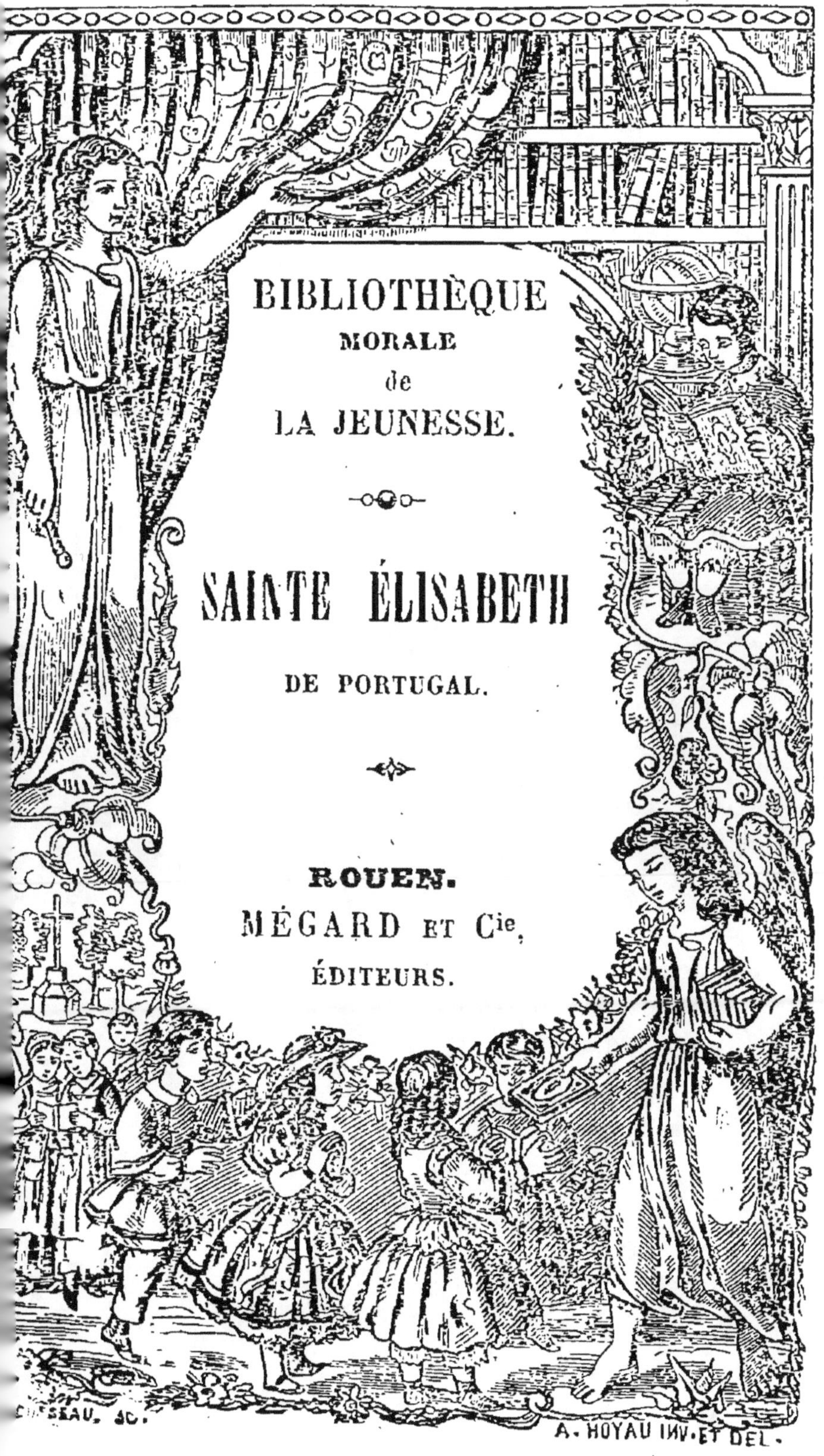

BIBLIOTHÈQUE
MORALE
de
LA JEUNESSE.

SAINTE ÉLISABETH

DE PORTUGAL.

ROUEN.
MÉGARD ET Cie,
ÉDITEURS.

BIBLIOTHÈQUE MORALE

DE

LA JEUNESSE

PUBLIÉE

AVEC APPROBATION

Propriété des Éditeurs,

SAINTE ÉLISABETH DE PORTUGAL.

VIE

DE

SAINTE ÉLISABETH

REINE DE PORTUGAL

PAR L'ABBÉ GODESCARD

DÉPÔT LÉGAL

186

BIBLIOTHÈQUE IMPÉRIALE

ROUEN

MÉGARD ET Cie, LIBRAIRES-ÉDITEURS

1863

AVIS DES ÉDITEURS.

Les Éditeurs, de la **Bibliothèque morale de la Jeunesse** ont pris tout à fait au sérieux le titre qu'ils ont choisi pour le donner à cette collection de bons livres. Ils regardent comme une obligation rigoureuse de ne rien négliger pour le justifier dans toute sa signification et toute son étendue.

Aucun livre ne sortira de leurs presses, pour entrer dans cette collection, qu'il n'ait été au préalable lu et examiné attentivement, non-seulement par les Éditeurs, mais encore par les personnes les plus compétentes et les plus éclairées. Pour cet examen, ils auront recours particulièrement à des Ecclésiastiques. C'est à eux, avant tout, qu'est confié le salut de l'Enfance, et, plus que qui que ce soit, ils sont capables de découvrir ce qui, le moins du monde, pourrait offrir quelque danger dans les publications destinées spécialement à la Jeunesse chrétienne.

Aussi tous les Ouvrages composant la **Bibliothèque morale de la Jeunesse** sont-ils revus et approuvés par un Comité d'Ecclésiastiques nommé à cet effet par Monseigneur l'Archevêque de Rouen. C'est assez dire que les écoles et les familles chrétiennes trouveront dans notre collection toutes les garanties désirables, et que nous ferons tout pour justifier et accroître la confiance dont elle est déjà l'objet.

VIE

DE

SAINTE ÉLISABETH,

REINE DE PORTUGAL.

Élisabeth était fille de Pierre III, roi d'Aragon, et petite-fille de Jacques Ier, surnommé *le Saint* pour ses vertus, et *le Conquérant* à cause de la prise de Majorque et de Valence. Elle eut pour mère Constance, fille de Mainfroi, roi de Sicile et petit-fils de l'empereur Frédéric II. Elle naquit en 1271, et fut nommée au baptême Élisabeth, de sainte Élisabeth de Hongrie, sa tante, qui avait été canonisée par Grégoire IX en 1235. Sa naissance réconcilia son grand-père et son père, dont les divisions troublaient le royaume d'Aragon. Le roi Jacques se chargea du soin d'élever sa petite-fille, et la laissa en mourant déjà toute pénétrée des plus sublimes maximes de la piété, quoiqu'elle n'eût point encore six ans accomplis.

Pierre III, étant monté sur le trône d'Aragon, ne mit auprès de sa fille que des personnes vertueuses dont les exemples pussent continuellement lui servir de leçons. La jeune princesse était d'une douceur admirable de caractère, et n'avait de goût que pour les choses qui portaient à Dieu. C'était lui faire un grand plaisir que de la mener à l'église ou à quelque exercice de religion. Dès l'âge de huit ans, elle pratiquait déjà la mortification ; inutilement on lui alléguait qu'elle était trop jeune, pour l'engager à modérer sa ferveur. Par une suite de cette ferveur, elle portait une sainte envie à tous ceux qu'elle voyait faire le bien. A la mortification des sens elle joignait celle de la volonté et un amour extraordinaire de la prière, afin d'obtenir la grâce de réprimer ses passions, et même d'en prévenir les révoltes ; par là elle vint à bout de se vaincre parfaitement et d'acquérir une humilité profonde. Comme la vertu lui paraissait le plus précieux de tous les avantages, elle avait en horreur tout ce qui eût été capable de la dissiper, et se montrait l'ennemie déclarée de tous les vains amusements du monde. Tout autre chant que celui des psaumes et des hymnes de l'Église lui était insipide ; chaque jour elle récitait le bréviaire, et le faisait avec autant de soin que l'ecclésiastique le plus fervent. Les pauvres l'appelaient leur mère, à cause de la charité compatissante avec laquelle elle pourvoyait à leurs besoins.

Lorsqu'elle eut atteint sa douzième année, on la maria à Denys, roi de Portugal. Ce prince avait moins considéré en elle, la vertu que l'éclat de la naissance et les belles qualités du corps et de l'esprit; il lui laissa cependant la liberté de vaquer à ses exercices, et il ne put refuser son admiration à la piété de son épouse. Semblable à Esther, la reine de Portugal ne fut point éblouie par l'appareil des grandeurs humaines; elle fit une sage distribution de son temps, pour allier les devoirs du christianisme avec ceux de son état. Jamais elle ne manquait à ses pratiques de dévotion, à moins qu'elle n'eût des raisons très-pressantes de se départir du plan qu'elle s'était tracé. Tous les jours, elle se levait de grand matin. Après une longue méditation, elle récitait matines, laudes et prime ; ensuite elle entendait la messe, où elle communiait souvent. Elle disait aussi chaque jour l'office de la Vierge et celui des morts. Elle se retirait fréquemment dans son oratoire pour y faire des lectures pieuses ; elle avait aussi des heures réglées pour ses affaires domestiques, ainsi que pour l'accomplissement de ses autres devoirs envers le prochain. Son travail consistait à faire des ornements pour les églises, ou des choses à l'usage des pauvres ; en quoi elle était aidée par ses dames d'honneur. Il ne lui restait aucun moment pour les conversations inutiles ou autres amusements. Tout son extérieur annonçait la simplicité. Elle était affable et pleine de bonté pour tout le monde ; elle possédait éminemment l'esprit de componction, et souvent il lui arrivait, dans la prière, de verser des larmes abondantes. Plus d'une fois on voulut lui persuader de modérer ses austérités ; mais elle répondit toujours que la mortification n'est nulle part plus nécessaire que sur le trône, où tout semble exciter et nourrir les passions. Les jeûnes prescrits par l'Église ne suffisaient point à sa ferveur ; elle jeûnait tout l'Avent, et depuis la Saint-Jean-Baptiste jusqu'à l'Assomption. Peu de temps après, elle recommençait un nouveau carême, qui durait jusqu'à la fête de saint Michel. Elle ne vivait que de pain et d'eau les vendredis et les samedis, les veilles des fêtes de la Vierge et des apôtres, et plusieurs autres jours. Souvent elle faisait à pied la visite des églises et des lieux de dévotion.

La charité pour les pauvres était une des
vertus qu'on admirait principalement dans
sainte Élisabeth. Par ses soins, les étrangers
étaient pourvus de logements et de tout ce
qui leur était nécessaire. Elle faisait faire
une exacte recherche des pauvres honteux
et leur fournissait secrètement de quoi sub-
sister d'une manière conforme à leur état.
Les filles pauvres, si souvent exposées au
danger d'offenser Dieu, trouvaient dans ses
libéralités une dot pour se marier suivant
leur condition. Elle visitait les malades, les
servait de ses propres mains et pansait leurs
plaies les plus dégoûtantes. Elle fit divers
établissements dans toutes les parties du
royaume; elle fonda entre autres, à Coïmbre,
un hôpital près de son palais, et à Torres-
Novas une maison pour les femmes repen-
ties, avec un autre hôpital pour les enfants
trouvés. Indifférente à tout ce qui la regar-

dait personnellement, elle ne s'occupait que des moyens de procurer du soulagement aux malheureux et paraissait vivre uniquement pour eux. Tant de soins ne l'empêchaient point de remplir ses autres devoirs. Elle aimait et respectait son mari ; elle lui était soumise et supportait ses défauts avec patience.

Denys avait d'excellentes qualités : il aimait la justice ; il était brave, humain et compatissant ; mais il se conduisait d'après les maximes corrompues du monde, et il souilla la sainteté du lit nuptial par des amours illégitimes. Élisabeth, moins touchée de l'injure qu'elle recevait que de l'offense de Dieu et du scandale qui en résultait, priait assidûment et faisait prier pour sa conversion. Elle tâchait de gagner le cœur de son mari par les voies de la douceur ; elle s'intéressait au sort des enfants

qu'il avait eus de ses maîtresses, et se
chargeait elle-même du soin de les faire
élever. Une telle conduite lui fit ouvrir les
yeux. Il renonça à ses désordres et garda
toujours depuis la fidélité qu'il devait à sa
vertueuse épouse. Ses vertus brillèrent d'un
nouvel éclat après sa conversion. Il devint
la gloire et l'idole de ses sujets. Il institua
l'ordre du Christ en 1318, fonda avec une
magnificence vraiment royale l'université
de Coïmbre, et orna son royaume d'édifices
publics. Ce fut quelque temps avant sa par-
faite conversion qu'arriva l'événement que
nous allons rapporter.

Élisabeth avait un page extrêmement ver-
tueux, dont elle se servait pour la distribution de ses aumônes secrètes. Un autre
page, jaloux de la faveur dont il jouissait à
cause de sa vertu, résolut de le perdre,
et, pour y réussir, il persuada au roi qu'il

avait un commerce criminel avec la reine.

Le prince, que la corruption de son cœur portait à mal penser des autres, ajouta foi à la calomnie et forma le projet d'ôter la vie au prétendu coupable. Il dit à un maître de four à chaux qu'il lui enverrait un page pour lui demander *s'il avait exécuté ses ordres*, et que c'était là le signal auquel il le reconnaîtrait. « Vous le prendrez, ajouta-t-il, et le jetterez dans le four, afin qu'il y soit brûlé : il a mérité la mort pour avoir justement encouru mon indignation. » Au jour marqué, le page fut envoyé au four à chaux. Ayant passé devant une église, il y entra pour adorer Jésus-Christ. Il entendit une messe, indépendamment de celle qui était commencée quand il entra dans l'église. Cependant le roi, impatient de savoir ce qui s'était passé, envoya le délateur s'informer si l'on avait exécuté ses ordres. Le maître du four, prenant celui-ci pour le page dont le prince lui avait parlé, le saisit et le jeta dans le feu, qui le consuma en un instant. Le page de la reine, après avoir satisfait sa dévotion, continue sa route, gagne le four, et demande si l'ordre du roi est exécuté ; et comme on lui répond affirmativement, il revient au palais rendre compte de sa commission. Le roi fut singulièrement étonné en le voyant de retour contre son attente ; mais lorsqu'il eut été instruit des particularités de l'événement, il adora les jugements de Dieu, rendit justice à l'innocence du page et respecta toujours depuis la vertu et la sainteté de la reine.

Sainte Élisabeth eut du roi de Portugal deux enfants, Alphonse, qui succéda à son père, et Constance, qui fut mariée à Ferdinand IV, roi de Castille. Alphonse épousa depuis l'infante de Castille. Peu de temps après son mariage, il se mit à la tête d'une conjuration formée contre son père. Élisabeth fut vivement affligée de ces troubles, elle employa le jeûne, la prière, les aumônes, pour obtenir de Dieu le rétablissement de la paix ; elle exhorta son fils de la manière la plus pressante à rentrer dans le devoir, et pria en même temps le roi de pardonner au conpable. Enfin la conduite qu'elle tint en cette occasion fut si sage et si religieuse, que le pape Jean XXII lui écrivit une lettre où il en faisait de grands éloges ; mais certains flatteurs trouvèrent le moyen de prévenir le roi ; ils lui représentèrent même la reine comme une mère aveugle qui favorisait le parti de son fils. Le prince crédule ajouta foi à ce qu'on lui disait et exila la reine à Alanquer.

Élisabeth supporta cette disgrâce avec

beaucoup de patience, et se servit de l'occasion que lui procurait sa retraite pour
redoubler ses austérités et ses autres pratiques de piété. Elle ne voulut point en-
tendre les propositions que lui faisaient les
mécontents, ni même avoir avec eux aucune sorte de correspondance. Le roi ne
put s'empêcher d'admirer les vertus qu'elle
fit éclater dans sa disgrâce; il la rappela et
se montra plus que jamais pénétré d'amour
et de respect pour elle.

Comme la sainte était d'un caractère doux
et paisible, elle s'employait de toutes ses
forces à étouffer les divisions, et surtout
à écarter les guerres qui traînent tant de
maux à leur suite. Elle réconcilia son fils
avec le roi lorsque leurs armées étaient
prêtes à en venir aux mains, et fit rentrer
tous les rebelles dans le devoir; elle réta-
blit aussi la paix entre Ferdinand IV, roi

de Castille, et Alphonse de la Cerda, son cousin germain, qui se disputaient la couronne, ainsi qu'entre Jacques II, roi d'Aragon, son frère, et le roi de Castille, son gendre. Pour parvenir à la dernière de ces réconciliations, elle fit avec son mari un voyage dans les deux royaumes et y étouffa jusqu'au germe de toute division.

Peu de temps après, le roi Denys, qui régnait depuis quarante-cinq ans, tomba malade. Élisabeth lui donna en cette occasion les plus grandes marques d'attachement et d'affection. Elle le servit elle-même et ne sortait presque jamais de sa chambre que pour aller à l'église; mais son principal soin était de lui procurer une sainte mort. Elle distribua donc d'abondantes aumônes, et fit faire des prières de tous côtés dans l'intention de lui obtenir cette grâce. Le roi, durant tout le cours de sa maladie, donna des preuves d'une sincère pénitence. Il mourut à Santarem, le 6 de janvier 1325. Lorsqu'il eut expiré, la reine alla prier pour lui dans son oratoire ; puis elle se consacra au service de Dieu, en prenant l'habit du tiers-ordre de Saint-François. Elle assista aux funérailles de son mari et suivit son corps jusqu'à l'église des cisterciens d'Odiveras, où le prince avait choisi sa sépulture. Elle resta là un temps assez considérable ; après quoi elle fit un pèlerinage à Compostelle, d'où elle revint à Odiveras pour célébrer l'anniversaire du roi.

La cérémonie finie, elle se retira dans un monastère de clarisses qu'elle avait commencé à faire bâtir dès avant la mort du roi. Elle désirait s'y consacrer à la pénitence par la profession religieuse ; mais elle en fut d'abord détournée par des motifs de charité pour le prochain et surtout pour les pauvres. Ainsi elle se contenta de porter l'habit du tiers-ordre de Saint-François et de vivre dans une maison attenante au monastère, où elle rassembla quatre-vingt-dix religieuses; elle les visitait souvent, et les servait quelquefois à table avec Béatrix, sa belle-fille.

La guerre s'étant allumée entre le roi de Portugal Alphonse IV, surnommé *le Brave*, et le roi de Castille Alphonse XI, les deux princes se hâtèrent de lever chacun une armée. Cette nouvelle pénétra la sainte d'une vive douleur. Elle résolut de prévenir les malheurs de la guerre en éteignant le feu de la discorde. Comme on voulait lui persuader de différer son voyage à cause de la chaleur, elle répondit qu'il n'y aurait peut-être jamais de circonstance où elle dût être plus disposée à faire le sacrifice de sa vie, s'il le fallait. A peine eut-on appris qu'elle était en route, que l'animosité diminua dans les cœurs. Enfin elle arriva à Estremoz, sur les frontières de Portugal et de Castille, où était son fils, qu'elle exhorta fortement à faire la paix et à mener une vie sainte.

La fièvre dont elle fut prise en arrivant annonça bientôt qu'elle touchait à la fin de sa vie. Elle se confessa plusieurs fois, reçut le saint viatique à genoux et au pied de l'autel, puis le sacrement de l'extrême-onction. Elle montra pendant toute sa maladie une grande dévotion pour la sainte Vierge, qu'elle invoquait très-fréquemment; elle paraissait remplie de joie et de consolation intérieure. Elle mourut dans les bras de son fils et de sa belle-fille, le 4 juillet 1336, à l'âge de 65 ans. On l'enterra chez les clarisses de Coïmbre, et il s'opéra plusieurs miracles à son tombeau.

En 1612, on leva de terre son corps, qui se trouva entier et qui est présentement renfermé dans une châsse magnifique. Le pape Urbain VIII canonisa la servante de Dieu en 1625, et fixa sa fête au 8 de juillet.

L'amour de la paix fut la vertu distinctive de sainte Élisabeth. Elle avait lu dans l'Évangile que l'esprit de Jésus-Christ est un esprit d'humilité, de douceur, et conséquemment un esprit de paix. Elle avait lu encore dans les livres saints que les dissensions, les querelles et les disputes sont les œuvres de la chair; qu'elles ont pour principe l'envie et l'orgueil, et qu'elles excluent du royaume des cieux. Enfin, elle savait que l'aigreur et l'animosité éteignent les lumières de la raison; qu'elles rendent l'âme insensible aux motifs que la foi suggère, et qu'elles donnent à plusieurs péchés une entrée libre dans l'entendement.

Nous devons donc, pour acquérir la paix, être doux et patients au milieu même des plus violentes épreuves, ne nous venger d'aucun affront, ne point rendre le mal pour le mal, mais faire du bien à nos ennemis ; regarder toute passion comme un monstre, n'en point suivre les impressions, tâcher de l'étouffer dès sa naissance, et la détester non-seulement comme un péché, mais comme la source de mille péchés. Souvenons-nous de ce qui est écrit : *Bienheureux sont les pacifiques,* c'est-à-dire ceux qui aiment la paix et l'entretiennent parmi les hommes ; *ils seront appelés les enfants de Dieu,* dont ils portent la ressemblance.

SAINTE AUSTREBERTE,

Austreberte naquit vers 630 dans le terri-
toire de la ville de Thérouanne, qui était
anciennement capitale d'une partie de l'Ar-
tois. Elle était fille de Badefroi, comte pala-
tin, c'est-à-dire seigneur de la cour, et un
des premiers officiers de la maison du roi
Dagobert Ier. Sa mère, nommée Framechilde
ou Frameuse, était de la famille des rois
allemands. L'Église a rendu témoignage à
sa sainteté, en l'honorant d'un culte public.

Notre sainte n'eut de goût, dès sa jeunesse, que pour les pratiques de piété ; elle

montrait surtout une ferveur incroyable dans la prière et l'exercice de la méditation. Son amour pour la virginité la porta à refuser un établissement conforme à son illustre naissance. Elle n'eut pas plustôt su que son père pensait efficacement à la marier, qu'elle alla trouver saint Omer, évêque de Thérouanne, pour lui communiquer son dessein. Le saint prélat, après s'être assuré de la vocation de la jeune Austreberte, lui donna le voile, et reçut le vœu de virginité perpétuelle qu'elle fit entre ses mains ; il la remit ensuite à ses parents, qui lui laissèrent la liberté de mener chez eux le genre de vie qu'exigeait l'état des vierges consacrées au Seigneur.

Quelque temps après, Austreberte voulut rendre son sacrifice complet en se retirant dans un monastère et en joignant les vœux de pauvreté et d'obéissance à celui de chasteté; c'est ce qu'elle fit du consentement de ses parents, dans l'abbaye de Port, bâtie sur la Somme, un peu au-dessous d'Abbeville; là, elle donna l'exemple de toutes les vertus monastiques. Il n'y avait point de sœur qui portât plus loin qu'elle l'amour de la mortification. Son humilité surtout était extraordinaire; elle s'abaissait non-seulement devant la supérieure, mais même devant la dernière personne de la communauté. Cette humilité ne souffrit aucune atteinte lorsqu'elle eut été élue prieure.

Vers ce temps-là, saint Philbert, abbé de Jumiéges, fonda un monastère de filles à Pavilly, dans le pays de Caux. L'emplacement et les fonds nécessaires lui avaient été donnés par Amalbert, seigneur du lieu. Ce seigneur offrit au saint fondateur sa fille Aurée, qui reçut le voile dans le nouveau monastère. Les religieuses de Pavilly, qui

étaient au nombre de vingt-cinq, avaient be-
soin d'une abbesse qui réunit une prudence
consommée à une vertu éminente. Saint
Philbert jeta les yeux sur Austreberte,
prieure de Port. Les deux moines qu'il avait
envoyés n'ayant pu la déterminer à sortir de
sa communauté, il l'alla trouver lui-même,
et vint à bout de vaincre sa résistance. Il
l'emmena donc à Pavilly avec deux autres
religieuses de Port. Ce fut saint Ouen qui la
bénit, et qui l'établit première abbesse du
monastère nouvellement fondé.

Austreberte s'appliqua entièrement à sa
sanctification, ainsi qu'à celle de ses sœurs.
Quelques contradictions qu'elle eut à es-
suyer ne servirent qu'à mettre sa vertu dans
un plus grand jour. Elle alliait dans le gou-
vernement la douceur à la fermeté. Dure à
elle-même, elle était pleine de bonté pour
ses religieuses. Ses discours avaient un

charme secret qui portait dans les cœurs la paix, la componction et la ferveur. Elle n'exigeait rien qu'elle ne le fît la première ; elle allait même beaucoup au delà de ce qu'elle prescrivait aux autres. La qualité d'abbesse ne l'empêchait pas de saisir toutes les occasions de pratiquer l'obéissance. Le trait suivant montrera combien elle chérissait cette vertu. Une nuit que les religieuses s'étaient recouchées après matines, Austreberte visita le dortoir pour examiner si tout était dans l'ordre ; le bruit qu'elle fit éveilla la prieure. Celle-ci, qui crut que c'était une simple religieuse, la reprit de manquer à la règle, et lui ordonna d'aller par pénitence prier devant la croix plantée dans le cloître. Austreberte obéit sans répliquer, et demeura le reste de la nuit au pied de la croix ; mais la prieure reconnut sa méprise en se rendant le matin à l'église avec les autres sœurs; elle s'approcha de son abbesse, et lui demanda un pardon qui lui fut aisément accordé.

Cependant le monastère de Pavilly répandait de toutes parts la bonne odeur de Jésus-Christ. On s'empressait d'y accourir de tous côtés. On voyait des pères et des mères offrir à l'envi leurs enfants à la sainte abbesse. D'autres personnes touchées de ses exemples, embrassaient la pratique des conseils évangéliques. Enfin, la sainte fut attaquée d'une fièvre qui annonçait une mort prochaine. Elle se fit porter aussitôt dans le lieu où s'assemblait la communauté, et y parla avec beaucoup d'onction des principales vérités du salut. Les jours suivants, elle ne s'entretint qu'avec Dieu, excepté que de temps en temps elle donnait encore à ses sœurs les instructions qu'elle leur croyait nécessaires. Sentant à la fin que sa dernière heure approchait, elle reçut le saint viatique, puis, après s'être munie du signe de la croix, elle rendit tranquillement l'esprit. Sa bienheureuse mort arriva le 10 février 703, selon la tradition du monastère de Montreuil-sur-Mer en Picardie.

Son corps fut enterré dans l'église du monastère de Pavilly, où l'on voit encore son tombeau, et fut honoré de plusieurs miracles. Trente ans après, on le leva de terre pour l'exposer à la vénération publique. La plus grande partie des reliques de sainte Austreberte est présentement à l'abbaye de Montreuil ; il y en a aussi quelques parcelles à Pavilly et dans d'autres paroisses voisines. Le nom de notre sainte se trouve le 10 février dans le martyrologe romain.

FIN.

Rouen. — Imp. MÉGARD et Cie, rue S.-Hilaire, 136.

Chez les mêmes Éditeurs :

DIVERSES COLLECTIONS

DE

VOLUMES D'ÉDUCATION,

IN-8°, IN-12, IN-18 ET IN-32,

FORMANT ENSEMBLE

PLUS DE 300 TITRES DIFFÉRENTS.

ROUEN. — IMP. MÉGARD ET Cie.

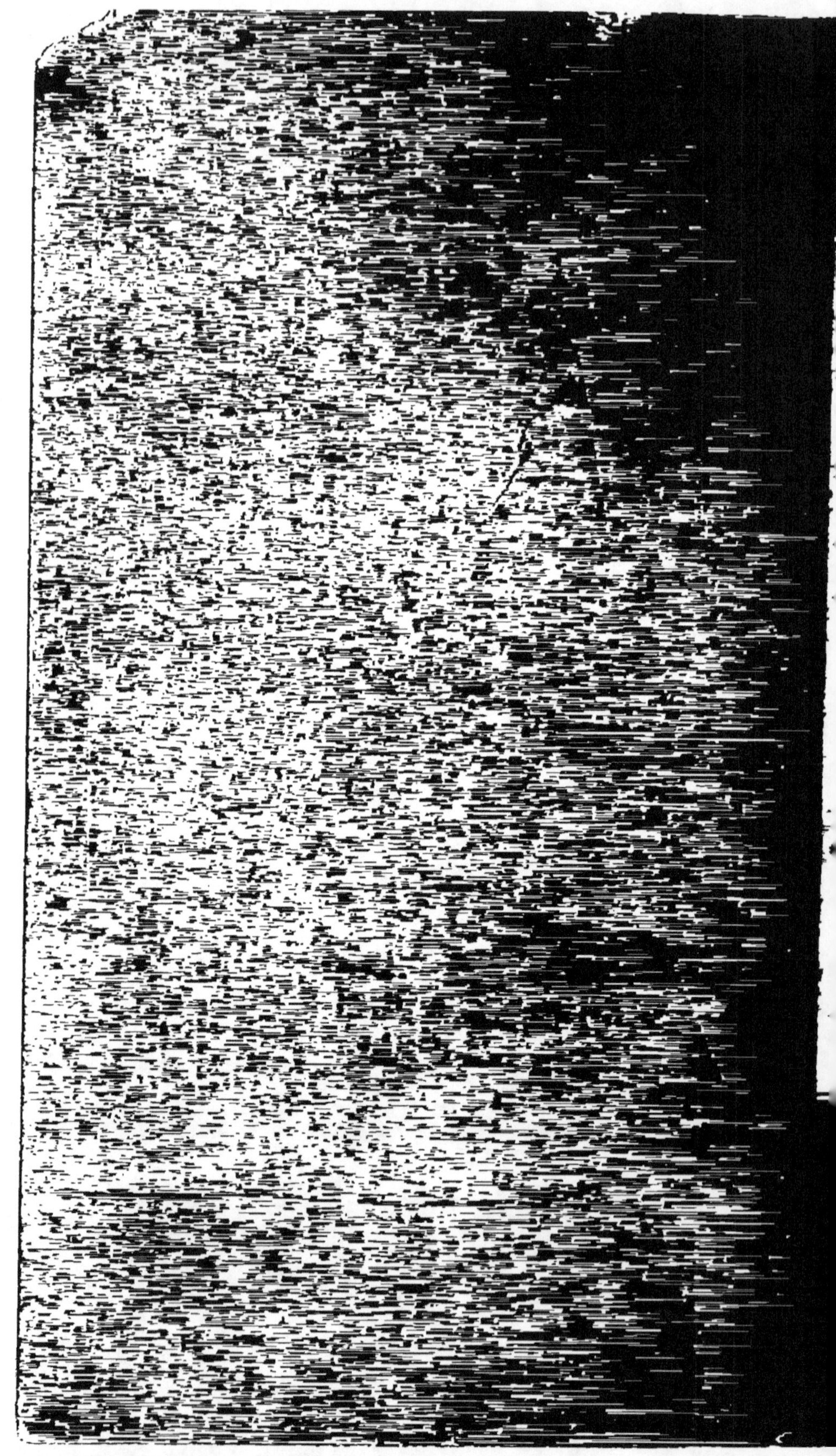

www.ingramcontent.com/pod-product-compliance
Lightning Source LLC
Chambersburg PA
CBHW061336050726
47595CB00005B/1950